POR RACHEL GRACK

NINTENDO

NINTENDO SWITCH™

curiosidad por

¿Qué te causa

curiosidad?

3

CAPÍTULO TRES

Apuesto a que no sabías ...
PÁGINA
16

Curiosidad por es una publicación de Amicus
P.O. Box 227, Mankato, MN 56002
www.amicuspublishing.us

Editora: Alissa Thielges
Diseñadora: Kathleen Petelinsek
Investigación fotográfica: Omay Ayres

Información del catálogo de publicaciones
de la biblioteca del congreso
Names: Koestler-Grack, Rachel A., 1973- author.
Title: Curiosidad por Nintendo / por Rachel Grack.
Other titles: Curious about Nintendo. Spanish
Description: Mankato, MN: Amicus, [2024] | Series:
Curiosidad por las marcas favoritas | Includes index. |
Audience: Ages 6–9 | Audience: Grades 2–3 | Summary:
"Kid-friendly questions give elementary readers an inside
look at Nintendo to spark their curiosity about the brand's
Japanese history, products, and cultural impact. Translated
into North American Spanish"—Provided by publisher.
Identifiers: LCCN 2022048078 (print) | LCCN 2022048079
(ebook) | ISBN 9781645495949 (library binding) | ISBN
9781681529615 (paperback) | ISBN 9781645496243 (ebook)
Subjects: LCSH: Nintendo video games—History—Juvenile
literature. | Video games industry—Juvenile literature.
Classification: LCC GV1469.32 .K6618 2023 (print) | LCC
GV1469.32 (ebook) | DDC 794.809—dc23/eng/20221006
LC record available at https://lccn.loc.gov/2022048078
LC ebook record available at https://lccn.loc.gov/2022048079

Créditos de las imágenes © Alamy/ArcadeImages
9; INTERFOTO 7; Dreamstime/Artrosestudio 10–11;
MarioWiki/marioparty 11 (Mario); Shutterstock/graphego
1, cover, m2art 22, 23 (controller), marysuperstudio 22,
23 (mushroom), Natsia27 15 (b), Nicescene 14, Sergei
Bachlakov 18–19, Tinxi 16–17, Usu-Pyon 20–21, Vectorfair
11 (building); Wikimedia Commons/Eckhard Pecher 5 (t),
Evan-Amos 12, 13, Haiko Honten Co. 4, Liane Enkelis 6,
Marcus Richert 5 (b), Nintendo 8, Peer Schmidt 15 (t)

Impreso en China

¿Quién empezó Nintendo?

La primera oficina principal de Nintendo (izquierda) tenía una placa con el nombre (superior derecha) en el exterior.

Comenzó en Japón en 1889. Espera. . . ¿qué? ¡Eso es antes de que hubiera videojuegos! Sí. Fusajiro Yamauchi era un artista. Dibujaba hermosas cartas para el *Hanafuda*. Este es un juego de cartas popular en Japón. También vendía otros juegos y juguetes. Nintendo se convirtió rápidamente en la principal compañía de juegos de Japón.

¡JUEGO!

¿SABÍAS?
Hanafuda significa «carta de flores.»

Hoy en día, todavía se juega al Hanafuda.

¿Cuándo empezó Nintendo a hacer videojuegos?

Ralph Baer era inventor e ingeniero.

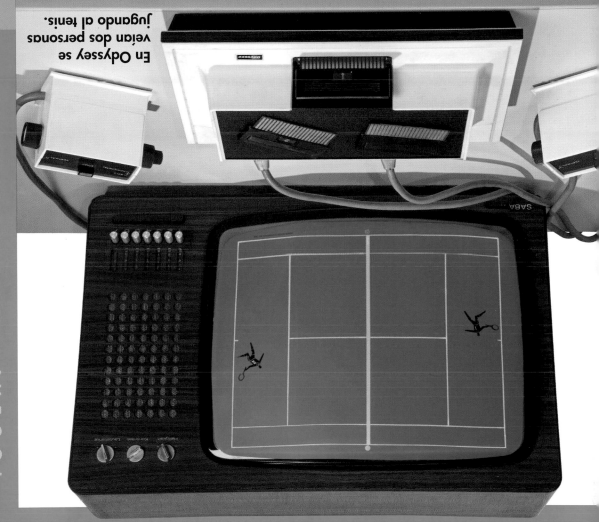

En Odyssey se veían dos personas jugando al tenis.

En los años 70. En 1972, Ralph Baer inventó la **consola** de videojuegos de casa. Conectó un juego electrónico de ping-pong a una TV. Se llamaba Odyssey. Nintendo compró los derechos para vender el juego en Japón. Al poco tiempo, Nintendo creó su propia consola. ¡Hoy es una de las **marcas** de videojuegos más grandes del mundo!

GRANDES MOMENTOS

¿Cuál fue el primer videojuego de Nintendo?

EVR Race, en 1975. Al juego de carreras de las **máquinas recreativas** le fue bastante bien. Luego, en 1981, salió *Donkey Kong*. ¡Este fue todo un éxito! Tenía a un hombrecito con una gorra roja. Podía saltar para evitar barriles rodantes. Fue el primer personaje en hacer eso. La meta era salvar a su novia de un gorila chiflado. En ese entonces, este personaje se llamaba Hombre Saltarín. Tú lo conoces como Mario.

¿SABÍAS?

Super Mario Bros. ha vendido más de 40 millones de copias. ¡Es uno de los videojuegos más vendidos de todos los tiempos!

BONUS
4300

En *Donkey Kong*, los jugadores saltan sobre barriles rodantes o los aplastan para ganar puntos.

037500 007650

Mario explora un
nivel subterráneo en
Super Mario Bros.

¿Por qué llamaron Mario al Hombre Saltarín?

Sucedió en una reunión de Nintendo. El equipo
trataba de dar con un nombre nuevo para el
Hombre Saltarín. En ese momento, Mario Segale
irrumpió en la sala. Era el dueño de la oficina de
los Estados Unidos. Era audaz y pendenciero.
El equipo pensó que su nombre le quedaba
perfectamente al personaje.

27 pies
(8.2 m)

Un edificio de
3 pisos mide
30 pies (9 m)

**¿QUÉ TAN ALTO PUEDE
SALTAR MARIO?**
Si Mario fuera una persona
real, ¡saltaría 27 pies
(8.2 metros)
en el aire!

¿Cuál fue el primer sistema de videojuegos casero de Nintendo?

Dos personas podían jugar al Color TV-Game.

El Color TV-Game fue pionero en 1977. Pero solo se podía jugar un juego. Pronto le siguió el Nintendo Entertainment System (NES). Esta consola usaba **cartuchos** de juegos intercambiables. Nintendo ha creado 13 consolas diferentes de videojuegos caseros. El Wii fue el primer sistema de videojuegos con controles de **movimiento**. ¡Pronto se convirtió en un éxito de ventas!

NINTENDO DS
LANZADO EN 2004
MÁS DE 154 MILLONES VENDIDOS

GAME BOY
LANZADO EN 1989
MÁS DE 118 MILLONES VENDIDOS

NINTENDO SWITCH
LANZADO EN 2017
MÁS DE 103 MILLONES VENDIDOS

NINTENDO Wii
LANZADO EN 2006
MÁS DE 101 MILLONES VENDIDOS

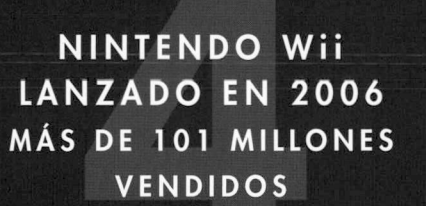

GAME BOY ADVANCE
LANZADO EN 2001
MÁS DE 81 MILLONES VENDIDOS

SISTEMAS DE JUEGOS NINTENDO MÁS POPULARES

¿Cuál fue la primera consola de videojuegos portátil de Nintendo?

Game and Watch, en 1980. Podía caber en tu bolsillo. ¡La idea vino de una calculadora! Pero solo se podía jugar un juego. Después salió el Game Boy, en 1989. Era divertido, fácil de jugar y tenía una batería que duraba mucho. Igual que el NES, usaba cartuchos. Actualmente, el Nintendo Switch se puede jugar de consola casera y portátil.

¿SABÍAS?
El Game Boy dio vida a Pokémon por primera vez. Desde entonces, Nintendo y Pokémon han trabajado juntos.

Puedes jugar en el Switch en casa o llevarlo contigo.

¿Puedo ganar dinero jugando videojuegos cuando sea grande?

Los probadores juegan el mismo videojuego una y otra vez hasta que quede perfecto.

¡Sí! Nintendo contrata a probadores de videojuegos profesionales. Estos jugadores prueban juegos nuevos antes de que lleguen a las tiendas. Pero para este trabajo se necesita más que ser muy hábil para jugar videojuegos. Los probadores buscan **errores de programación** en los videojuegos. Descubren cómo suceden los errores de programación. Entonces, se aseguran de que esos problemas se arreglen.

¿Podría yo ganar una competencia de juegos de Nintendo?

Tal vez. Asegúrate de practicar primero. Los niños pueden jugar juegos de Nintendo en **torneos** en línea. Pero cuestan dinero. Así que consulta con un adulto antes de inscribirte. ¡También hay un torneo de Nintendo Switch para salones de clases! Nintendo quiere que los niños se entusiasmen por los trabajos relacionados con las computadoras.

Algunas ciudades tienen competencias locales de videojuegos.

¿Existen parques de Nintendo?

Sí. En 2021, abrió el primer Super Nintendo World en Japón. Hay otro en los Estudios Universal Hollywood en California. Los **parques temáticos** tienen atracciones, juegos y tiendas de Nintendo. Conoce a Mario, Luigi y a la Princesa Peach en el Reino Champiñón.

Los parques parecen videojuegos de tamaño real.

HAZ MÁS PREGUNTAS

¿Cuántos sistemas Nintendo existen?

¿Cuáles son los últimos juegos de Nintendo?

Prueba con una **PREGUNTA GRANDE:**

¿Qué necesito para crear mi propio videojuego?

BUSCA LAS RESPUESTAS

Busca en el catálogo de la biblioteca o en Internet.

Pueden ayudarte tus padres, un bibliotecario o un maestro.

Usar palabras clave

Busca la lupa.

Las palabras clave son las palabras más importantes de tu pregunta.

¿?

Si quieres saber sobre:

- sistemas Nintendo, escribe:
SISTEMAS DE JUEGOS NINTENDO

- los juegos más recientes, escribe:
NUEVOS JUEGOS DE NINTENDO

¡MANTÉN TU CURIOSIDAD!

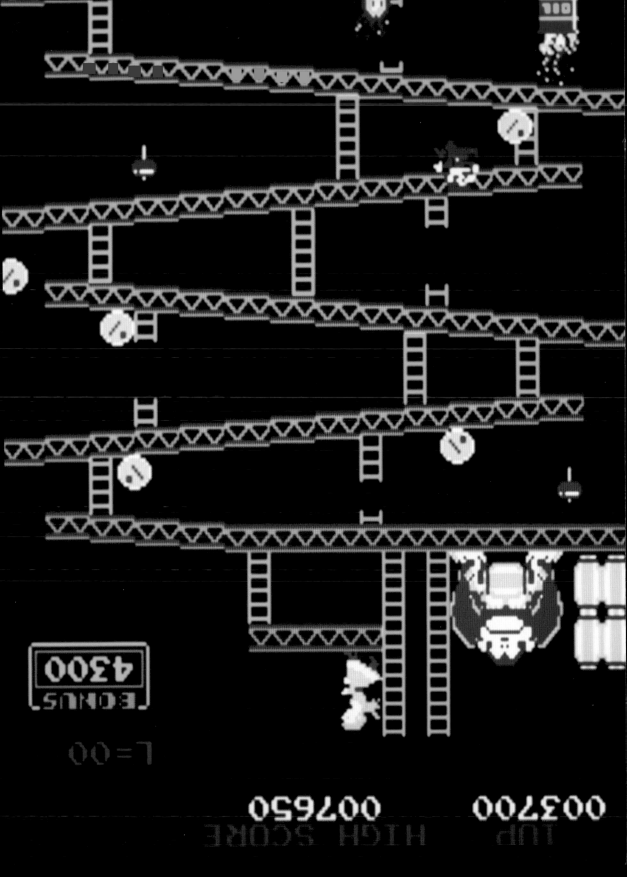

GLOSARIO

cartucho Estuche de plástico que contiene un programa de computadora que se inserta en un sistema de videojuegos.

consola Unidad de videojuegos que se conecta a una TV para jugar.

error de programación En los videojuegos, un problema que evita que un programa o sistema funcione adecuadamente.

máquinas recreativas Lugar donde la gente juega videojuegos en máquinas de monedas.

marca Un grupo de productos hechos por una misma compañía o que le pertenecen.

movimiento El acto de moverse.

parque temático Un parque grande con atracciones, actividades, restaurantes y edificios basados en torno a ciertos personajes o mundos ficticios.

torneo Competencia que incluye muchos jugadores o equipos y que usualmente durar varios días.

ÍNDICE

Acerca de la autora

Rachel Grack es editora y escritora de libros para niños desde 1999. Vive en un pequeño rancho en el sur de Arizona. Ella disfruta ver cómo sus nietos juegan los juegos originales de Pokémon en su consola Nintendo 64.